PERSÖNLICHE FINANZEN

 PERSÖNLICHE FINANZEN

PERSÖNLICHE FINANZEN

GRUNDLEGENDE TIPPS

PERSÖNLICHE FINANZEN

 PERSÖNLICHE FINANZEN

Inhalt

Einführung

Eine Bewertung vornehmen

Ziele für eine erfolgreiche Finanzplanung setzen

Entscheiden Sie Ihre Ausgaben mit Bedacht

Umgang mit Bergen von Schulden und Krediten

Alles, was Sie über Steuern wissen müssen

Sprung in den richtigen Versicherungsplan

So erhalten Sie Hilfe von professionellen Finanzexperten

DIY mit persönlicher Finanzsoftware

Ersparnisse und Zinseszinsen

Intelligente Investitionsschritte

Fazit

PERSÖNLICHE FINANZEN

PERSÖNLICHE FINANZEN

Einführung

Die eigene finanzielle Situation im Griff zu haben und sich ihrer bewusst zu sein, wird definitiv ein Vorteil sein, den die meisten Menschen sicherstellen sollten. Dieses Bewusstsein wird ihnen die Möglichkeit geben, aus Situationen Kapital zu schlagen, falls sich gute Geschäfte ergeben sollten. In diesem Buch finden Sie alle Informationen, die Sie brauchen!

Ihre persönlichen Finanzen stärken: Die wichtigsten Hindernisse für die persönliche finanzielle Freiheit aufheben

Wenn Sie Ihre finanzielle Situation gut kennen, gibt es immer Bereiche, in denen dieses Wissen Ihnen dabei helfen wird, bessere Anlagemöglichkeiten und

 PERSÖNLICHE FINANZEN

Plattformen zu schaffen. Dieses Wissen und die regelmäßige Evaluierung können auch dazu beitragen, jede aktuelle Finanzroutine in eine boomende Investitionsmöglichkeit zu verwandeln.

Mit der Nutzung von Finanzinformationen können Sie auch Entscheidungen treffen, die eine gesunde finanzielle Lage sicherstellen.

 PERSÖNLICHE FINANZEN

Eine Bewertung vornehmen

Dadurch wird auch Hilfe für die Person sichergestellt, die versucht, negative Ausgabengewohnheiten einzudämmen. Wenn eine aktive Beurteilung in regelmäßigen Abständen durchgeführt wird, werden Sie schließlich in der Lage sein, Bereiche zu identifizieren, die Aufmerksamkeit oder Kontrolle erfordern. Manchmal können die aus der Beurteilungsübung gewonnenen Informationen wirklich schockierend sein, da sie die Situation in der Regel sehr detailliert beleuchten.

Die meisten Menschen nehmen an der Bewertung teil, um ihre gegenwärtige Position zu verstehen und um zu erfahren, wie sie Anpassungen vornehmen können, um eventuelle Investitionen für die Zukunft zu berücksichtigen. Wenn die finanzielle Sicherheit für die Zukunft nicht berücksichtigt wird, werden im Laufe der Zeit viele Probleme auftreten, wenn die Person nicht in der Lage ist, für sich selbst und ihre Angehörigen aufzukommen.

Finanzielle Bewertungen können Ihnen auch dabei helfen, andere, wichtigere Entscheidungen über Ihren Lebensstil zu treffen. Diese können in Form von Investitionen in Immobilien, Unternehmen, Pensionspläne und jede andere Art von Übungen, die finanziell vorteilhaft sind, erfolgen. Wenn eine bessere Planung erleichtert wird, können Sie dann andere angenehme Wege beschreiten, wie Urlaub, Hobbys, die erhebliche finanzielle Verpflichtungen erfordern, und alle anderen

PERSÖNLICHE FINANZEN

Verpflichtungen, die einen erheblichen finanziellen Aufwand erfordern.

 PERSÖNLICHE FINANZEN

Ziele für eine erfolgreiche Finanzplanung setzen

Im Idealfall sollte jeder eine Art Finanzplanung haben. Je früher Sie mit dieser speziellen Übung beginnen, desto besser sind die Chancen, dass Sie in der Lage sein werden, die Chancen zu nutzen.

Wo beginnen?

Im Folgenden sind einige der Elemente aufgeführt, die bei der Verfolgung von Zielen für eine erfolgreiche Finanzplanung zu untersuchen sind:

PERSÖNLICHE FINANZEN

- Das Setzen von messbaren finanziellen Zielen ist eine Übung, die für den Einzelnen sehr früh erfolgen sollte. Wenn diese Art der Planung fest verankert ist, kann das Ziel erreicht werden, da der Einzelne auf die Ziele fokussiert bleibt. Dies hilft auch, einen Plan zu entwerfen, der sehr detaillierte Ziele in ihren grundlegenden Verpflichtungen beinhaltet.

- Es sollte auch einige messbare finanzielle Ziele geben, die es dem Einzelnen ermöglichen, ein entsprechendes Budget aufzustellen. Das Verständnis der Auswirkungen finanzieller Verpflichtungen wird sicherlich ein notwendiger Faktor sein, wenn man Investitionen als Ganzes betrachtet. Da jede Investition die andere beeinflusst, sollte jedes Detail klar abgegrenzt werden,

PERSÖNLICHE FINANZEN

wenn sich der Zielsetzungsprozess in der Planungsphase befindet.

- Die periodische Beurteilung der Finanz- und Investitionssituation des Einzelnen sollte eine Praxis sein, die in jede Zielfestlegung einbezogen wird. Da nach der vorherigen Bewertung mehrere Änderungen eingetreten sein können, wäre es ratsam, Investitionen, die nicht die gewünschte Rendite erbracht haben, zu überdenken, damit die Person alle notwendigen Anpassungen vornehmen kann, die sie für angemessen hält.

- Eine möglichst frühzeitige Planung ermöglicht es dem Einzelnen, die Möglichkeit zu erkunden, verschiedene Ziele zu setzen, die schließlich dazu beitragen würden, die Investitionen zum

 PERSÖNLICHE FINANZEN

geeigneten Zeitpunkt, vielleicht zum Zeitpunkt der Pensionierung, zur Reife zu bringen. Wenn die Optionen mit einer realistischen Denkweise untersucht werden, wird durch die Zielsetzung sichergestellt, dass der Einzelne besser in der Lage ist, mit möglichen Abweichungen jeglicher Art umzugehen.

 PERSÖNLICHE FINANZEN

Entscheiden Sie Ihre Ausgaben mit Bedacht

Wenn es um Finanzen geht, scheinen die meisten Menschen Schwierigkeiten zu haben, Entscheidungen darüber zu treffen, wie ihr Geld ausgegeben werden soll und wie sie kluge Entscheidungen treffen können, die sich auf ihre finanzielle Zukunft auswirken würden. Es gibt eine Menge Informationen, aber Wege zu finden, wie Sie diese Informationen für sich nutzen können, ist der Trick, um Ihre Finanzen in Ordnung zu bringen.

 PERSÖNLICHE FINANZEN

Was geht hier vor?

Im Folgenden finden Sie einige Tipps, wie Sie sich für eine Ausgabengewohnheit entscheiden können, die klug und umsichtig ist:

- Vielleicht wäre einer der besten Tipps, den Sie geben können, zu lernen, so viel Bargeld wie möglich zu verwenden, anstatt auf scheinbar bequeme Kreditkarten zurückzugreifen. Jede andere Form der Transaktion, bei der es nicht um Bargeld geht, neigt dazu, dass der Einzelne dazu veranlasst wird, Ausgaben zu tätigen, ohne einen klaren und kontrollierten Betrag im Kopf zu haben, daher ist sich der Einzelne oft seiner Ausgabengewohnheiten nicht bewusst, bis er mit der Kreditkarte oder anderen Finanzberichten konfrontiert wird.

- Der Aufschub des Kaufs von Gegenständen, die mit großen Geldbeträgen verbunden wären, es sei denn, die Zahlung kann größtenteils oder vollständig in bar erfolgen, ist eine weitere umsichtige Art, mit den Finanzen umzugehen. Dies wird der Person helfen, sich besser auf das Sparen für den Artikel zu konzentrieren und auch vermeiden, phänomenale Zinssätze zahlen zu müssen, wenn Zahlungen für einen Kreditplan geleistet werden.

- Zu lernen, wie man beim Einkaufen das beste Geschäft aushandelt, ist ein guter Weg, um klug auszugeben und trotzdem das beste Geschäft zu machen. Es wird

 PERSÖNLICHE FINANZEN

dem Einzelnen auch helfen, Fähigkeiten zu erwerben, die ihm in anderen Lebensbereichen helfen könnten. Es hilft auch zu lernen, die Gewohnheit zu entwickeln, stark zu sein und wegzugehen, wenn der Preis nicht in das Budget passt.

- Ein angemessenes Budget zu entwerfen und sich strikt daran zu halten, wird dem Einzelnen helfen, sich an vorsichtige Ausgabengewohnheiten zu halten. Das liegt daran, dass alles sorgfältig geplant und übersichtlich gestaltet wurde, so dass der Einzelne ein Gefühl für jede einzelne Ausgabe hat.

PERSÖNLICHE FINANZEN

Umgang mit Bergen von Schulden und Krediten

Wenn man mit einem Schuldenberg zu kämpfen hat, der nicht zu verschwinden scheint, ist das, egal wie sehr man sich bemüht, die Ausgabengewohnheit zu stoppen, in der Regel eine sehr stressige und komplizierte Angelegenheit.

Es ist jedoch nicht alles verloren, denn es gibt einige Übungen, mit denen sich die Schulden- und Kreditsituation etwas beruhigen lässt.

 PERSÖNLICHE FINANZEN

Schauen Sie genau hin

Im Folgenden sind einige der Bereiche aufgeführt, die bei der Prüfung des Schuldenmanagements und der Kreditlinien berücksichtigt werden sollten:

- Einer der ersten Schritte besteht darin, sich mit der finanziellen Situation auseinanderzusetzen und sich die Zeit zu nehmen, die Situation im Detail zu verstehen. Auf diese Weise ist der Einzelne in der Lage, wichtige Entscheidungen zu treffen, und er ist sich definitiv bewusster, wie er am besten mit der Verschuldung umgeht, indem er einige gangbare Wege zum Schuldenabbau in Betracht zieht.

PERSÖNLICHE FINANZEN

- Wenn man alle Finanzzahlen aufschreibt, hilft das dem Einzelnen, einige Anpassungen vorzunehmen und eine fundierte Entscheidung darüber zu treffen, welche Schulden belastet und anderen gegenüber vorrangig behandelt werden sollten. Dies sollte auf der Grundlage der Zinseinnahmen aus den Schulden entschieden werden, was in gewisser Weise dazu beiträgt, nicht noch mehr Schulden anzuhäufen.

- Auch die Kontaktaufnahme mit Gläubigern mit der Absicht, die Schuldensituation so umzugestalten, dass sie überschaubarer wird, wird eine zu prüfende Option sein. Die meisten Schuldnerinnen und Schuldner sind bereit zu helfen, da es letztendlich bedeuten würde, dass auch sie von einer vollständigen Begleichung der Schuld

 PERSÖNLICHE FINANZEN

profitieren würden. Die bloße Beibehaltung der derzeitigen Zahlungsbedingungen hilft nicht weiter und kann sogar noch mehr Probleme verursachen, wenn der ursprüngliche Betrag nicht zurückgezahlt wird und die Zahlungen nur zur Deckung der anfallenden Zinsen dienen.

- Auch wenn dies mit gewissen Kosten verbunden sein kann, sollte die Inanspruchnahme der Hilfe eines professionellen Finanzplaners auch als Option für die Suche nach Wegen zur Bewältigung des Schuldenbergs geprüft werden. Diese Fachleute werden einen besseren Überblick darüber geben können, wie die Fragen im besten Interesse des Einzelnen behandelt werden können.

 PERSÖNLICHE FINANZEN

Alles, was Sie über Steuern wissen müssen

Die meisten Menschen gehen irrtümlicherweise davon aus, dass die Steuern einfach ohne Säumnis und nach den Bedingungen der eingereichten Formulare oder Rechnungen bezahlt werden sollen. Nur wenige nehmen sich die Zeit, das System zu verstehen, das die Steuern berechnet, so dass es ihnen nicht den Raum gibt, die Forderungen zu stellen, die helfen würden, die besteuerten Beträge zu minimieren.

Teuern reduzieren

Wen eine konzertierte Anstrengung unternommen wird, um die Steuersysteme zu verstehen, kann der Einzelne auch

PERSÖNLICHE FINANZEN

Möglichkeiten finden, Privilegien zu beantragen und zu erhalten. Diese Privilegien sind gut, weil sie im Idealfall das Geld wieder in die Hand des Einzelnen legen und mehr Möglichkeiten zum Sparen bieten, wobei das Geld für andere legitime Zwecke verwendet werden kann.

Im Folgenden sind einige Bereiche aufgeführt, die mit der konkreten Absicht untersucht werden können, zu versuchen, Steuern durch Privilegien zu senken:

- Abzüge können vorgenommen werden, indem die Einkommensbeträge, auf die die Person besteuert wird, reduziert werden. Es werden Berechnungen zum Bruttoeinkommen durchgeführt, und diese Abzüge werden angewendet, wenn das Bruttoeinkommen unter einen bestimmten Betrag fällt. Es gibt auch Abzüge, die

PERSÖNLICHE FINANZEN

berechnet werden können, wenn Ehepartner und unterhaltsberechtigte Kinder in der Gleichung enthalten sind. Diese angefallenen Ausgaben können als ein Posten verwendet werden, der Anpassungen des Gesamteinkommens erleichtern würde und somit eine gute Plattform bietet, um daraus Kapital für Abzüge zu schlagen.

- Unter bestimmten Umständen gibt es auch Möglichkeiten, wo Arztrechnungen als mögliche Steuerbefreiungsinstrumente eingesetzt werden können. Dabei handelt es sich vor allem um die abhängige Partei, die auf lange Sicht eine solche Rechnung eingeht, und es gibt keine Hilfe von außen durch das Regierungsorgan. Anträge auf Aufnahme dieser finanziellen Verpflichtungen in die Liste der Steuerbefreiungen.

PERSÖNLICHE FINANZEN

- Persönliche Ausgaben können auch zur Geltendmachung von Steuerabzügen verwendet werden, insbesondere wenn ein Teil dieser Ausgaben in Form von Unterstützung für andere wohltätige Zwecke und Wohltätigkeitsorganisationen erfolgt.

 PERSÖNLICHE FINANZEN

Sprung in den richtigen Versicherungsplan

Wenn es um die Wahl des richtigen Versicherungsschutzes geht, wird der Einzelne oft durch das Verkaufsgespräch des Vermittlers beeinflusst, der versucht, die Police zu verkaufen. Es besteht ein großes Vertrauen, da der Einzelne stark auf den Rat des Agenten angewiesen ist, der den Plan verkauft.

Die meisten Menschen nehmen sich nicht die Zeit, jedes Detail der von ihnen gewünschten Police zu lesen, bevor sie eine langfristige finanzielle Verpflichtung für den Versicherungsplan eingehen. Das ist

natürlich ziemlich töricht, aber oft das häufigste Szenario, wenn es um den Kauf einer Versicherung geht.

Welcher Plan soll gewählt werden?

Im Folgenden sind einige Arten von Versicherungsplänen aufgeführt, die für den Einzelnen nützlicher sein sollen und eine angemessene langfristige Investition darstellen, die in Betracht gezogen werden sollte:

- Entschädigungspläne: Dies geschieht in der Regel in Form einer im Voraus festgelegten Selbstbeteiligung und bietet ein Höchstmaß an Flexibilität in Bezug auf die erwartete und erhaltene Pflege.

PERSÖNLICHE FINANZEN

- Organisationsplan für bevorzugte Anbieter: Dieser Versicherungsplan bietet dem Einzelnen eine entsprechende Krankenversicherung, die zumeist aus einer bestimmten Anzahl von Einrichtungen und Gremien stammt. Entscheidet sich der Einzelne für die Nutzung seines eigenen medizinischen Fachwissens, wird die Prämie entsprechend berechnet und ist in der Regel höher.

- Organisation des Gesundheitswesens und Wartungspläne: In diesem Fall gibt es die Möglichkeit, den Hausarzt aus einer vorab festgelegten Liste von Gesundheitsdienstleistern auszuwählen. Ansprüche auf die Police können dann geltend gemacht werden, wenn die

 PERSÖNLICHE FINANZEN

Dienste einer solchen Einrichtung zu einem bestimmten Zeitpunkt in Anspruch genommen werden. Diese Art der Deckung ist in der Regel recht allgemein gehalten und deckt möglicherweise schwerwiegendere oder spezielle Bedürfnisse nicht wirklich ab.

- Es gibt auch Lebensversicherungspläne und Bildungspläne, die aus offensichtlichen Gründen in Betracht gezogen werden können.

 PERSÖNLICHE FINANZEN

So erhalten Sie Hilfe von professionellen Finanzexperten

Die meisten Menschen arbeiten hart, um die schönen Dinge des Lebens genießen zu können oder zumindest ein einigermaßen komfortables Leben führen zu können. Es gibt viele finanzielle Zusagen, die die Aufmerksamkeit des Einzelnen erfordern würden, und diese Zusagen wachsen immer schneller, je mehr Ausgaben man in Angriff nimmt.

 PERSÖNLICHE FINANZEN

Professionelle Hilfe

Die Hilfe eines Finanzplaners in Anspruch zu nehmen, ist manchmal nicht nur klug, sondern kann auch notwendig sein, um sicherzustellen, dass der Einzelne sich nicht finanziell zu sehr engagiert. Einige der getroffenen Entscheidungen könnten die Situation des Einzelnen auf lange Sicht nutzlos und lähmend machen.

Im Folgenden sind einige der Bereiche aufgeführt, in denen ein Finanzexperte eine angemessene Beratung anbieten kann, damit der Einzelne über die notwendigen Informationen verfügt, um eine fundierte Entscheidung über ein finanzielles Engagement zu erleichtern:

PERSÖNLICHE FINANZEN

- Ein Finanzexperte wird in der Lage sein, bei geplanten Investitionen zu beraten, da sein Wissen in diesen Bereichen vertieft und detailliert sein wird. Angemessene Beratung wird dem Einzelnen helfen, eine bessere und fundiertere Wahl geeigneter Investitionen zu treffen. Diese Fachleute sind in der Lage, Risiken zu kalkulieren und Zahlen aufzuzeigen, die die Investition gut ausbalancieren würden, um Vorteile aufzuzeigen oder einen möglichen Verlust aufzuzeigen, wenn die Investition nicht umsichtig getätigt wird.

- Finanzexperten können auch Anleitung und Informationen für Pensionspläne und andere finanzielle Verpflichtungen geben, die es dem Einzelnen ermöglichen würden, während der Pensionierungsphase die gleiche oder eine ähnliche Lebensqualität zu genießen. Die

PERSÖNLICHE FINANZEN

in diesem Bereich geleistete Unterstützung wird den Einzelnen in die Lage versetzen, auf der Grundlage der gewonnenen Informationen gute Entscheidungen zu treffen.

 PERSÖNLICHE FINANZEN

DIY mit persönlicher Finanzsoftware

Für diejenigen, die sich mit dem Internet auskennen, gibt es auch viele andere Optionen, bei denen der Einzelne die Software erhalten kann, mit der die Finanzplanungsübung erforscht werden kann. Dies ist ideal für diejenigen, die wirklich keine Zeit haben, sich mit einem persönlichen Finanzplaner zu treffen, oder die nicht durch unerwünschte Anfragen belästigt werden wollen.

Software-Hilfe

Diese Finanzplanungssoftware kann zu unterschiedlichen Investitionen und Beratungen führen, je nach den

Informationen, die der Kunde, der in diesem Fall die Person ist, die diese Hilfe sucht, zur Verfügung stellt. Die angebotenen Investitionspläne stimmen in der Regel mit den von der Person gemachten Angaben überein und sind daher besser geeignet, da alle möglichen Pläne geprüft werden, bevor der entsprechende Plan auf die finanziellen Möglichkeiten der Person zugeschnitten wird.

Detaillierte Anleitungen für die gesamte Finanzsoftware ermöglichen es fast jedem, der über Grundkenntnisse in Microsoft Excel verfügt, das bereitgestellte Material optimal zu nutzen, ohne die hohen Kosten in Kauf nehmen zu müssen, die mit der Verwendung eines Finanzplaners verbunden sind. Viele Vergleiche können durch die Finanzsoftware erleichtert werden, indem man einfach die verschiedenen Szenarien eintippt, und dies kann unendlich oft geschehen. Es gibt keine Möglichkeit, die Grenzen der Software auszuschöpfen, indem man sie häufig mit

PERSÖNLICHE FINANZEN

variablen Finanzinformationen füttert. Dies ist jedoch mit einem Finanzplaner nicht möglich, da die Person bei all den verschiedenen Stilen, die der Kunde ausprobieren möchte, schnell irritiert und erschöpft wäre.

Eine der am häufigsten verwendeten Software ist die vollständig integrierte Software-Suite für die Finanzplanung, die alle folgenden Optionen bietet: Software-Optionen für den Ruhestand, Budget- und Cashflow-Prognosen, Vermögensprognosen, Prognosen für mehrere College-Studenten.

Umfassende Planung und Projektionen der Vermögensallokation. Diese Softwares sind für eine vollständige Integration miteinander verbunden und können manchmal eine wettbewerbsfähigere Unterstützung bieten als der Finanzplaner.

 PERSÖNLICHE FINANZEN

Ersparnisse und Zinseszinsen

Den größtmöglichen Nutzen aus einem Sparbetrag ziehen zu können, ist etwas, was die meisten Menschen gerne genießen würden, was aber nicht immer möglich ist, da sich nicht viele Menschen der Vorteile bewusst sind, die die Wahl eines geeigneten Sparplans mit solchen "Belohnungen" mit sich bringt.

Welcher Plan ist der richtige für Sie?

Wenn es um den Sparplan geht, bei dem Zinsen anfallen und dann aufgezinst werden, lohnt es sich, sich eingehend mit diesem Thema zu befassen. Ganz einfach ausgedrückt würde dies bedeuten, dass die aus dem Sparplan erwirtschafteten Zinsen es dem Einzelnen ermöglichen, einen zusätzlichen Zinsbetrag über die bestehenden Zinsen hinaus zu erhalten. Obwohl es sehr theoretisch erscheinen mag, ist es möglich, Spar- und Zinseszinspläne zu finden, die den finanziellen Engagementbedürfnissen fast aller Investoren entsprechen.

Das Grundkonzept dieses Plantyps bestünde idealerweise darin, einen festen Betrag, so klein er auch erscheinen mag, in einen Sparplan einzuzahlen, der die Zinseszinsplattform versorgt. Wenn diese Verpflichtung ernsthaft und ohne jede Möglichkeit des Zögerns in die Praxis umgesetzt wird, können die angesammelten Beträge recht erstaunlich sein, und dies wird dazu beitragen, die Person zu motivieren, länger und fleißiger darin zu bleiben. Der Hauptgedanke hinter dieser Art des Sparens wäre es, das Geld so lange wie möglich in den Sparplänen zu belassen und

sicherzustellen, dass die Abrechnung fest und engagiert erfolgt.

Die Zinssätze für diese Pläne werden in der Regel auf Tagesbasis berechnet, was eine insgesamt bessere Option für die Person darstellt, die daran interessiert ist, aus den kleinen investierten Beträgen Kapital zu schlagen.

PERSÖNLICHE FINANZEN

Intelligente Investitionsschritte

Es ist möglich, intelligente Investitionspläne ohne allzu viele Komplikationen und detaillierten Papierkram zu erstellen. Der Schlüssel zu intelligenten Investitionsplänen liegt in erster Linie in der Fähigkeit, kluge Entscheidungen zu verstehen und zu treffen. Die Zeit und Mühe zu nehmen, den Investitionsplan gründlich zu verstehen, bevor man sich darauf festlegt, wäre der beste Weg, die Idee des intelligenten Investierens zu verwirklichen.

 PERSÖNLICHE FINANZEN

Ein paar Tipps

Im Folgenden sind einige Punkte aufgeführt, die bei dem Bemühen zu berücksichtigen sind, sicherzustellen, dass getätigte Investitionen sowohl in ihrer gegenwärtigen Form als auch im langfristigen Szenario für den Einzelnen von Nutzen sind:

- Sicherstellen, dass das Bemühen, die besonderen Anforderungen und Vorteile zu verstehen, die durch den gewählten Plan diktiert werden, vielleicht die wichtigste Explorationsübung ist, die in Angriff genommen werden muss. Ohne dieses Wissen würde der Einzelne sein Engagement auf die Gerüchte anderer stützen, und das kann verrückt sein, wenn die Zahlungen nicht dem

wahrgenommenen Versprechen des Plans entsprechen.

- Lassen Sie sich nicht auf eine finanzielle Verpflichtung einlullen, bis alle Aspekte des Plans vollständig verstanden worden sind. Viele Menschen sind von dem vorgestellten Verkaufsgespräch so überwältigt, dass sie sich nicht die Zeit nehmen, das Kleingedruckte des vorgestellten Plans wirklich zu lesen.

- Sie sind immer misstrauisch gegenüber Plänen, die mit "kostenlosen" Leistungen werben, da diese oft mit anderen Verpflichtungen verbunden sind, die normalerweise nicht erklärt werden und vielleicht nie wirklich untersucht werden, bis sich die Gelegenheit ergibt, wenn die "kostenlosen" Elemente vom Investor

geltend gemacht werden. In den meisten Fällen stellt der Investor erst dann fest, dass die "kostenlose" Zugabe nicht wirklich so wahrgenommen wird, wie zunächst angenommen.

- Denken Sie daran, dass Sie sich nur zu dem verpflichten sollten, wofür Sie zu diesem Zeitpunkt bezahlt werden können. Sich selbst zu überfordern, ist keine gute Idee, da dies dazu führen könnte, dass der Einzelne mit der Investition in Verzug gerät und alles verliert, wozu er sich bereits verpflichtet hat.

 PERSÖNLICHE FINANZEN

Fazit

Eine gute Kontrolle über Ihre finanziellen Angelegenheiten zu behalten, kann manchmal eine sehr schwierige Aufgabe sein. Die Nutzung der oben genannten Tipps sollte zu einem Spaziergang im Park werden. Fangen Sie an, ein viel bequemeres Leben zu führen, machen Sie sich keine Sorgen mehr über die Finanzen und genießen Sie Ihr Leben!

 PERSÖNLICHE FINANZEN

Besuchen Sie unsere Website! Holen Sie sich weitere Bücher von MENTES LIBRES!

https://www.amazon.de/MENTES-LIBRES/e/B08274DDV4?ref_=dbs_p_ebk_r00_abau_000000

Wenn Sie möchten, können Sie Ihren Kommentar zu diesem Buch hinterlassen, indem Sie auf den folgenden Link klicken, damit wir uns weiter entwickeln können! Vielen Dank für Ihren Kauf!

https://www.amazon.de/dp/B088YRKBDK

www.ingramcontent.com/pod-product-compliance
Lightning Source LLC
Chambersburg PA
CBHW050305220526
45465CB00002B/831